AF467917

Hommage national et populaire.

L'AMIRAL

DUPETIT-THOUARS.

SOMMAIRE :

I. Pierre-Georges Dupetit-Thouars, contre-amiral. — II. Le Pays, la Chambre, le Ministère. — III. Documents curieux. — IV. Le journal de la cour. — V. Georges Dupetit-Thouars, père de l'amiral. — VI. Le héros *du Tonnant*. — VII. Panorama de Taïti. — VIII. La reine Pomaré. — IX. Le Le père Pritchard, amant et accoucheur de la reine. — X. Mœurs des Taïtiens. — XI. Conclusion. — Le parti anglais et la France. — XII. L'Épée d'honneur.

Crions vive la France !
Et nos voix seront entendues !

PRIX : 15 CENTIMES.

PARIS,

CHEZ GAZEL, ÉDITEUR, RUE SAINT-JACQUES, 158,

ET CHEZ TOUS LES MARCHANDS DE NOUVEAUTÉS.

1844.

L'AMIRAL DU PETIT-THOUARS.

I

PIERRE-GEORGES DU PETIT-THOUARS, CONTRE-AMIRAL.

Les Dupetit-Thouars ont tour à tour illustré les pages de l'histoire de la République, de l'Empire, de la Restauration et même du gouvernement actuel. La corruption, la couardise, l'ineptie de nos gouvernants n'ont pu les atteindre. Partout où brille le nom de Dupetit-Thouars, partout où ce nom glorieux garde le drapeau de la France, ce drapeau est fier et respecté. Que la France soit assez humble pour obéir à l'homme qui mendie la paix à l'Angleterre ; cela est !!!...

Mais notre marine n'acceptera jamais sa part de la honte. Il y a des souvenirs que le temps n'efface pas, et qui se transmettent de génération en génération, comme un fatal héritage ; ces souvenirs pèsent au cœur de nos marins. Ils n'ont point oublié les vieilles haines qui divisent les deux pays ; et la France veut sa part d'influence et d'autorité ; notre marine veut la mer ouverte à tous, et ne veut pas se soumettre aux décisions égoïstes des marchands de Londres. Ce que M. Dupetit-Thouars a fait dans l'Océan-Pacifique, d'autres le feront encore partout malgré les humbles désaveux de l'homme des Anglais et le système honteux de la paix à tout prix. Le contre-amiral Pierre-Georges Dupetit-Thouars, neveu du héros d'Aboukir, et fils de Georges Dupetit-Thouars, acombattu à Trafalgar, à l'âge de quatorze ans, à côté de son père; il se couvrit de gloire, et fut fait prisonnier par les Anglais; après un séjour odieux en Angleterre, il revint en France. Le gouvernement lui a confié diverses missions qu'il a remplies avec autant de zèle que d'intelligence et d'intrépidité.

En 1838, étant capitaine de vaisseau, il fut chargé d'aller explorer l'Océan-Pacifique sur la frégate *la Vénus*. L'itinéraire est un des récits les plus curieux de navigation qui jamais ait été publié. M. Dupetit-Thouars venait de rendre un grand service à la science et au commerce. Dans un rapport lu à l'Académie des sciences, M. Arago rendit le compte le plus flatteur du long voyage de M. Dupetit-Thouars, qui ne tarda pas à être promu au grade de *contre-amiral* (1).

Il était en France en 1840, alors que la guerre paraissait imminente; il alla trouver M. Thiers, et lui offrit, si on lui donnait le commandement d'une petite escadre, d'aller brûler tous les vaisseaux anglais, depuis les Dunes jusqu'à la Tamise. Un gouvernement qui rappellait la flotte de l'amiral Lalande des eaux de la Syrie, et qui voulait la *paix à tout prix*, *la paix partout et toujours*, ne pouvait accepter cette offre hardie.

En 1842, les Français avaient éprouvé des avanies dans la mer du Sud, à l'île Taïti. Les armateurs des bâtiments qui vont à la pêche de la baleine appellée *cachalot*, de-

(1) Le 29 août 1838, M. Dupetit-Thouars avait demandé réparation des insultes faites aux Français à l'instigation des marchands de Bible. Pour rembourser les frais de voyage de MM. Laval et Caret, missionnaires français chassés par violence de l'île de Taïti, il demandait 10,000 francs. Pritchard, envoyé de la reine Pomaré, offrit sérieusement un billet de cette souveraine, ajoutant qu'elle n'avait pas d'argent; mais que le billet serait endossé par lui. —« Monsieur, répondit Dupetit-Thouars, je n'ac- » cepte pas la signature de l'homme qui a provoqué et conseillé l'acte in- » fâme dont je viens demander réparation. » — Le lendemain la reine trouva 10,000 fr. en or, mais de nouvelles difficultés se rencontrèrent pour le salut de vingt-un coups de canons dû au vaisseau français et pour l'installation d'un consul. M. Dupetit-Thouars les vainquit facilement; nous n'avons pas besoin de dire que nos seuls adversaires étaient encore les missionnaires anglais.

mandaient protection. Le contre-amiral Dupetit-Thouars fut envoyé dans ces parages ; il demanda réparation des insultes et des pertes supportées par nos nationaux. Il réclama une indemnité de 10 mille dollars. La souveraine des îles de la Société, Pomaré-Wahiné, ne pouvant payer cette somme, offrit de remettre le protectorat de l'île au roi des Français ; l'offre fut acceptée et le marché conclu.

Le révérend père Pritchard était alors à Londres ; il avait été froidement accueilli par lord Aberdeen, auquel il avait vanté outre mesure les avantages de l'occupation des îles de la Société. Le ministre lui avait remis une voiture, cadeau de Victoria, pour madame Pomaré, et un habit rouge pour son mari. Quand Pritchard apprit la nouvelle du protectorat de la France, il vit sir Georges Gyps, et en obtint une somme considérable, qu'il employa en cadeaux destinés à corrompre les principaux chefs taïtiens. Il obtint du comodore Nicholas, commandant la frégate *la Vindictive*, la promesse de *rappeler les Français à la bonne foi, à l'aide des arguments irrésistibles*. Fort de séductions et de menaces, il arriva à Taïti ; fit bientôt rentrer la pauvre reine sous son joug, et, quelques jours après, il remplaça le drapeau du protectorat par le bizarre pavillon que la reine avait reçu du commandant de *la Vindictive*. Le comodore Nicholas fit même descendre des canons dont il menaçait la rade et les Français ; les commandants des corvettes françaises *la Boussole* et *l'Embuscade*, après des explications fermes et dignes, lui firent retirer les canons à son bord.

Pendant deux mois, Nicholas prodigua aux Français toutes sortes d'insultes, et prit part à toutes les machinations des vendeurs de Bible anglais. Il aurait sans doute payé chèrement sa conduite si l'amiral Thomas ne l'avait fait remplacer avant l'arrivée de M. Dupetit-Thouars, par la frégate anglaise *the Dublin*.

Enfin, MM. Dupetit-Thouars et Bruat parurent avec trois frégates dans les eaux de Papaïti. Cette force maritime était nécessaire pour détruire l'effet produit par les mensonges des missionnaires anglais, qui étaient parvenus à faire croire aux indigènes, que la France n'avait qu'un seul vaisseau qu'elle faisait peindre de diverses couleurs, et qui revenait toujours le même. L'amiral Dupetit-Thouars demanda à la reine de rentrer dans les conditions du traité de 1842, et de rétablir le pavillon du protectorat. Il lui permettait même de reprendre son pavillon national ; mais il ne voulait pas que la reine pût arborer, sur son palais, un drapeau qui, venant des Anglais, était une insulte pour la France ; la reine sous l'influence des Anglais et de Pritchard, refusa avec ténacité. M. Dupetit-Thouars publia alors l'ordre du jour suivant :

« Le contre-amiral, commandant la station de l'Océan-
» Pacifique, prévient les commandants, officiers et équi-
» pages en rade à Papaïti, que la reine Pomaré, se refu-
» sant à reconnaître le traité conclu le 9 septembre 1842,
» et ratifié depuis par S. M. Louis-Philippe, il se voit
» forcé de déclarer que la reine Pomaré a cessé de régner
» sur les îles de la Société et sur leurs habitants, et de
» prendre possession au nom de la France et du roi ; en
» conséquence la frégate *l'Uranie*, débarquera demain
» matin, à six heures, la compagnie d'artillerie de la
» marine, les ouvriers, la compagnie de débarque-
» ment, etc., etc. »

Le dimanche matin, touché de compassion pour cette pauvre reine, dont les ancêtres avaient été puissants et forts, Dupetit-Thouars accorda un sursis jusqu'au lendemain, lundi à midi ; on croyait jusqu'au dernier moment que la reine céderait, et que le pavillon du protectorat remplacerait celui du comodore Nicholas, qui flottait au-dessus de la maison royale. A midi précis la générale battit ; les troupes cernèrent la maison de la reine, qui était abandonnée, et le drapeau demi-anglais fut amemé.

M. le capitaine de corvette d'Aubigny, qui avait été nommé gouverneur de Taïti, fit battre un ban et dit :
« Officiers, soldats et matelots, et vous habitants de ces
» îles, auxquels nous apportons la justice et la paix ; au
» nom du roi notre maître, je prends possession du pays ;
» nous serons tous contents de mourir pour la défense du
» glorieux drapeau tricolore. — Hissez le pavillon. »
Immédiatement le drapeau tricolore a flotté sur la maison de la reine. Le père Pritchard haranguait de son côté

les naturels du pays avec véhémence; mais sans pouvoir les arracher à leur apathie. Ce qu'il n'a pu faire, M. Guizot vient de le réaliser aujourd'hui. Quoi de plus naturel, le voyageur de Gand et le calviniste ne pouvait être que le valet des Anglais et l'ami de M. Pritchard, le ministre protestant.

Quand la nouvelle de la prise de possession de Taïti arriva en France, les journaux ministériels, accoutumés cependant aux lâchetés officielles, embouchèrent la trompette pour célébrer la conquête faite par M. Dupetit-Thouars. Ils n'osaient penser à un désaveu; les pauvres gens ne savent pas jusqu'où peut aller le *courage de la honte* qui domine notre ministère. Voici ce que disait un journal *ultra ministériel* : « En présence de cette action si » énergique et si remarquable, surtout par les circons- » tances dont elle a été accompagnée, *nous parlera-t-on* » *encore de l'humiliation de la France et du système de l'a-* » *baissement continu*? Nous ne savons, mais ce que nous » croyons pouvoir affirmer, c'est que si en France, des » Français même ont de le leur gouvernement, de leur » propre pays, une pareille opinion, l'étranger, et SUR- » TOUT L'ANGLETERRE, ne l'ont ni de l'un ni de l'autre. » Quel pavé d'amis!!!

II

LE PAYS, LA CHAMBRE, LE MINISTÈRE.

Le pays, depuis trois ans, est en opposition avec le ministère; récemment encore, cinq colléges électoraux ont honoré ceux que M. Guizot a voulu flétrir; aujourd'hui il désapprouve un homme d'honneur, et la France lui décerne une épée; hélas! la voix publique a beau souffleter un homme, elle ne le fera pas rougir s'il n'a pas de cœur.

La Chambre s'est émue le premier jour puis les mensonges de M. Guizot ont suffi pour que deux cent-trente-trois députés sur quatre cent-vingt votants, déclarassent par leur vote, que M. Dupetit-Thouars, COUPABLE d'HONNEUR, de PATRIOTISME et de COURAGE, avait mérité le BLAME et le DÉSAVEU. M. DUCOS l'a dit, au fond du langage de M. Guizot, il *y avait plus que de l'hypocrisie, il y avait de la peur*. Le 29 février (nous citons le *Moniteur*), M. Guizot a dit : « Il est de l'intérêt de tout le monde, il est de la di-» gnité de tout le monde, que la question soit éclaircie. » —(A gauche) Elle l'est, elle l'est! — M. Guizot : elle » l'est si peu, que *j'ai l'honneur de vous dire, à vous qui » m'interrompez, que* JE VEUX APPORTER A LA TRIBUNE » BEAUCOUP DE CHOSES QUE JE N'AI PAS DITES. » Le lendemain, M. Guizot disait à la Chambre, quand on lui rappellait sa promesse de la veille : « *Personne ne peut, » personne n'a le droit de m'obliger à prendre la parole.* » Peut-on se moquer avec plus de laisser-aller, d'une assemblée sérieuse, et que peut-on attendre d'une Chambre soumise aux ordres d'un tel homme. M. Thiers a dit qu'il avait eu une heure, entre les mains, une lettre adressée à M. le prince de Joinville, par l'un des personnages les plus considérables de l'expédition; cette lettre disait : « que la reine Pomaré n'avait voulu voir que des offi-» ciers anglais; avait *obstinément* refusé de recevoir les » officiers français, et avait accordé aux premiers des » points militaires, leur permettant même de descendre » à terre avec des troupes. Le missionnaire Pritchard » prêchait publiquement contre les Français dans une » assemblée où se trouvait la reine; de plus, cette der-» nière hissait sur son palais le pavillon que les Anglais » lui avaient donné, et cela aux mêmes jours et aux » mêmes heures que les bâtiments anglais hissaient le » leur. »

III

Documents curieux.

Le roi Louis-Philippe voulut (nous assure-t-on) désavouer dès le premier jour. Il attendit, sur l'avis du ministre de la marine, afin de voir comment la chose serait jugée en Angleterre; les journaux anglais se fachèrent, le gouvernement anglais fit des remontrances, et la note du désaveu parut dans le *Moniteur* (qui chose digne de remarque, n'avait pas inséré la nouvelle de la prise de possession des îles de Taïti). Outre le rapport de M. Bruat, gouverneur de Taïti, on avait connaissance de la conduite des Anglais par une lettre confidentielle (1) de M. Bruat au prince de Joinville.

Six fois Louis-Philippe partit pour Eu, où il avait un rendez-vous avec un envoyé secret de la reine Victoria. Mais des interpellations ayant été annoncées à la Chambre, les ministres envoyèrent en toute hâte une estafette à Louis-Philippe. Il revint, et la majorité, pour ne pas lui déplaire, a voté le déshonneur de la France.

Le brave Dupetit-Thouars a non seulement été *désavoué*, mais encore il est rappelé, et l'amiral Hamelin est désigné comme son successeur.

On a bien fait de rappeler le neveu du héros d'Aboukir, car jamais il ne se fût soumis à l'humiliation de réinstaller la reine Pomaré en présence des Anglais, et de subir leurs railleries insultantes.

(1) Lettre lue par M. Thiers. (Voir paragraphe II.)

IV

LE JOUNAL DE LA COUR.

Après le *désaveu* officiel, il fallait les lâchetetés des écrivains stipendiés.

Le Globe. — « Le gouvernement français a désavoué, AVEC UNE PROMPTITUDE qui a mérité l'estime de tous ceux qui attachent quelque importance à la bonne foi et à la justice, les procédés de l'amiral Dupetit-Thouars à Taïti. Les journaux français attribuent la décision de leur gouvernement aux remontrances de l'Angleterre, mais ils ne s'appuient sur aucune autorité pour cela; QUE L'ANGLETERRE AIT FAIT OU NON DES REMONTRANCES, LA N'EST PAS LA QUESTION. Les ministres français avaient *à* s'enquérir, d'après tous les faits, *si un de leurs officiers s'était rendu coupable d'une faute incompatible avec le caractère de la nation francaise,* LE FAIT ÉTANT VRAI, *ils ont résolu de donner une réparation immédiate.*

» Si l'esprit de parti n'avait pas perverti tous les sentiments de justice et de raison en France, il se trouverait aujourd'hui parmi les classes influentes de ce pays, une majorité imposante en faveur du gouvernement. Un traité *obtenu, on ne sait comment,* a été violé, et le gouvernement n'avait pas de choix à faire entre une honte éternelle en approuvant la violation, *et un prompt désaveu de la conduite des violateurs.* Cependant des clameurs ont été excitées par cet acte de probité.

» M. Guizot s'est fait maintenant ce que les politiques français appellent UNE POSITION NETTE. *Il restera puissant au pouvoir, ou il tombera avec honneur.* S'il reste au pouvoir, comme il est probable, *son énergie* et *son courage,* dans l'honnête accomplissement de ses devoirs, l'auront rendu formidable pour l'opposition, et un espace de temps très court suffira pour ramener les Français au bon sens.

» Nous répétons que nous n'avons, quant à présent, aucune crainte de ce côté, car nous avons une meilleure opinion de la partie influente de la nation française, que de supposer que la porte du pouvoir sera réouverte à des hommes qui, lorsqu'ils étaient à la tête du gouvernement, se sont laissé entraîner à la plus flagrante violation de l'honneur national, par les clameurs de la *canaille* et les cris de quelques feuilles révolutionnaires. »

V

Georges Dupetit-Thouars,

Père de l'amiral.

Georges Dupetit-Thouars, qui combattit à Trafalgar sous l'amiral Magon et se trouva en présence des Anglais dans l'Escaut sous l'amiral Missiessy, est mort à son bord comme par une habitude de famille, en remplissant une mission à Saint-Domingue sous le règne de Louis XVIII. Il avait été forcé de fuir sous la terreur, et s'était mis au service naval de l'Angleterre, avant que la guerre ne fût déclarée. Voici son seul exploit pendant cette courte époque de sa vie; il le racontait à ses amis avec l'aimable enjouement qu'on lui a connu. La nature de ce fait n'est pas sans rapport avec celui de Taïti, en ce sens qu'il prouve qu'avec les Anglais alliés ou ennemis, il est des circonstances où l'officier qui a un commandement ne doit prendre conseil que de l'honneur pour repousser l'arrogance, les prétentions et les insultes de nos éternels rivaux.

Georges Dupetit-Thouars avait reçu le commandement d'un bâtiment de guerre, et se trouvait sous les ordres d'un commodore qui montait un autre bâtiment avec lequel il devait naviguer de conserve. L'officier de la marine britannique témoigna un peu d'humeur de cette association; mais enfin il fallait obéir, et l'on partit. Les premiers jours de la navigation se passèrent assez tranquillement; mais un soir, après le punch, M. le commodore, qui s'était mis en gaîté, envoya à son compagnon de route un coup de canon chargé à boulet, et lui fit une avarie. Georges ne dit rien; mais le lendemain matin, quand on se parla à l'aide des porte-voix, il signifia avec beaucoup de fermeté à M. le commodore qu'il ne souffrirait plus aussi patiemment une pareille plaisanterie. Celui-ci n'en tint aucun compte, et le soir même un nouveau salut à boulet fut envoyé à bord de l'officier français. Dupetit-Thouars n'hésita pas; il fit charger tous ses canons, se mit à une honnête portée de la conserve, et lui envoya toute une bordée qui fit de nombreuses avaries, sans compter quelques hommes tués ou blessés. L'Anglais se le tint pour dit, répara ses agrès endommagés, et quand il fut dégrisé, se contenta de dire à son compagnon toujours avec le porte-voix : « Vous êtes bien vif, monsieur Dupetit-Thouars! »

Cependant, au retour, il fallait exhiber les journaux de bord; l'amirauté n'osa pas donner tort à l'officier français; il avait agi selon toutes les règles; mais comme on le trouva aussi bien vif, il quitta le service de la marine britannique et rentra en France, où le rétablissement de la tranquillité lui permettait de reprendre son rang sous le pavillon national.

VI

LE HÉROS DU TONNANT.

Le capitaine Aristide Dupetit-Thouars, oncle de l'amiral, est né en 1760, à Boumin, château situé dans la commune de Saint-Martin-de-la-Place, à deux lieues de Saumur.

Entraîné de bonne heure, par son goût, pour les voyages, Aristide Dupetit-Thouars débuta comme marin au combat d'Ouessant (combat célèbre par la couardise d'un prince du sang). Tout le monde remarqua le courage et le sang-froid du jeune marin. Quelques temps après, il fit partie de cette glorieuse expédition qui, sous le commandement de M. de Vaudeuil, enleva le Sénégal aux Anglais.

Après plusieurs années de voyage, Dupetit-Thouars revint en France au moment où le sort de La Peyrousse excitait la plus vive anxiété. Jeune et aventureux, Dupetit-Thouars résolut d'aller à la recherche du célèbre navigateur. Secondé dans cette entreprise par son frère, qui a laissé un nom dans les sciences naturelles, il s'embarqua à Brest le 2 septembre 1792 ; les maladies, la misère, les privations décimèrent l'équipage. Forcé d'aborder à l'île de Fernand de Norôna, son bâtiment fut pris par les Portugais, et il fut lui-même fait prisonnier, et conduit à Fernambouc, et de là à Lisbonne, d'où il parvint à s'échapper.

En 1798, il obtint le commandemant du vaisseau *le Tonnant*, qui fit partie de l'expédition d'Egypte. Nelson avait poursuivi l'escadre française, et avait reconnu sa position à Aboukir. *Le Tonnant*, commandé par Dupetit-Thouars, était le huitième vaisseau de ligne, et *l'Orient*, monté par l'amiral Brueys, le précédait immédiatement.

Ce jour néfaste et glorieux, était le 1er août 1798; il était six heures du soir. Tout l'équipage du *Tonnant* était sur le pont ; au centre de l'état-major on reconnaissait Dupetit-Thouars, qui, une lunette à la main, suivait tous les mouvements de l'escadre anglaise. Enfin, trois pavillons, de couleurs différentes, se hissèrent à la corne de *l'Orient*, et tous les capitaines furent appellés à bord de l'amiral. Brueys dit qu'il fallait attendre l'attaque de Nelson ; tous les capitaines furent de son avis. Dupetit-Thouars seul dit que l'on était perdu si l'on ne combattait pas à la voile, et qu'il fallait appareiller sans délai.

Quelqu'un ayant improuvé avec aigreur cet avis, Dupetit-Thouars irrité, s'écria : « Je ne sais ce que l'on fera, » mais on peut être assuré que tant que je serai à bord, » mon pavillon sera cloué au mât. »

De retour à son bord, Dupetit-Thouars assembla son équipage, et dans une allocution énergique, lui déclara qu'il comptait sur son courage, pour empêcher que jamais le pavillion de la France fût remplacé sur *le Tonnant* par le pavillon anglais. De grands cris de vive la République acceuillirent les chaleureuses paroles du capitaine, qui avait déjà oublié son juste courroux pour ne penser qu'à vaincre ou à mourir.

Le combat s'engagea bientôt; Dupetit-Thouars débuta par de brillants succès. Il mit hors de combat *le Magestic*. *L'Orient* ayant rejeté sur lui le *Belléroрhon* tout démâté, le feu du *Tonnant* le força de suite à amener pavillon. Malheureusement on n'eut pas le temps de le remplacer par le drapeau tricolore. Tout-à-coup, un effroyable malheur vint frapper la flotte française, le vaisseau *Amiral* était la proie de l'incendie; aussitôt *le Tonnant* soutient seul le combat; une grêle de boulets sillonne les ponts du navire, dont les murailles volent en éclats. Les cris de *vive la République* couvrent presque la voix du canon. Dupetit-Thouars tout meurtri, vient de perdre un bras et de rouler de son banc de quart; mais il se relève et encourage son équipage. La douleur ne peut rien sur cette âme de fer, et sa voix commande le feu avec une nouvelle énergie; une volée ennemie vient l'atteindre encore et lui emporter les deux jambes; une sainte colère enflamme le capitaine; par ses ordres un baril de son est placé sur la dunette. Dupetit-Thouars y est déposé, et trouve encore assez d'énergie pour se raidir contre sa douleur; enfin il sent que la vie s'en va avec son sang, il raidit alors son héroïque et glorieux tronc, et s'écrie d'une voix forte : « ÉQUIPAGE DU TONNANT N'AMÈNE JAMAIS TON PAVILLON. » Ainsi expira ce héros; son équipage se montra digne de lui; le vaisseau amiral venait de sauter, un lugubre silence a remplacé la terrible explosion; à la faveur de l'obscurité *le Tonnant* avait pu échapper aux Anglais; mais, démâté, et sans gouvernail, il vint échouer au rivage où Nelson le trouva abandonné par ses héroïques défenseurs.

Il y a quelques années, un voyageur errant sur la plage d'Aboukir, trouva au-dessus de la porte d'une cabane de bédouin, une planche en noyer, brisée circulairement et noircie au bout; on voyait encore sur une des faces de cette planche quelques trous de clous qui avaient servi à attacher les lettres d'un nom, dont le commencement pouvait se déchiffrer encore; on lisait distinctement :

TON...

C'était le dernier vestige du vaisseau que commandait Dupetit-Thouars; c'était le dernier souvenir du noble capitaine. Son neveu vient de prouver qu'il est des familles dans lesquelles le courage, l'honneur, le patriotisme et le dévouement sont héréditaires.

VII

PANORAMA DE TAÏTI.

Papaïti, chef-lieu du gouvernement de Taïti, est situé au pied d'une des plus hautes montagnes de l'île. C'est un village composé de quelques maisonnettes blanchies à la chaux, le tout encadré par un délicieux paysage ; de loin on n'aperçoit qu'une seule ligne de construction ; mais de près on distingue le palais du chef de la mission anglaise, le consulat français, le temple protestant, les jardins pittoresques et les boutiques. Rien de plus frais et de plus gracieux que ce bouquet de fleurs, de verdure et de maisons blanches qui forme la capitale de madame Pomaré. La population ne s'élève qu'à 1,000 âmes, dont 400 étrangers et 600 indigènes ; à l'entrée de la rade se trouve *moutou-outa* (l'île de la reine), résidence de Pomaré.

VIII

La reine Pomaré.

La Vénus taïtienne fut d'abord la jeune Aïmata avant d'être la reine Pomaré-Wahiné (femme). Elle naquit en 1813. Son père, chassé par une révolution, fut restauré par les Anglais presque en même temps que S. M. Louis XVIII. Son frère, Pomaré III, aimait beaucoup l'eau-de-vie et la Bible. Il préférait même trop l'eau-de-vie, ce qui le fit passer de vie à trépas en l'an de grâce 1825. La reine Pomaré déteste cordialement les missionnaires anglais dont elle est l'esclave, à part peut-être le père Pritchard qui, par ses exploits amoureux (cela n'est guère évangélique), a pris sur la reine un ascendant extraordinaire. Les Taïtiens ne tarissent pas sur les prouesses amoureuses de madame Pomaré qui, ne pouvant être la mère de son peuple, a du moins trouvé moyen d'être son épouse.

Quand les Français sont arrivés, la première chose qu'elle a dit est : *Sont-ils amoureux!* On comprend bien que le mot de la reine était plus énergique. Du reste elle a tenu à s'en convaincre par elle-même, et n'en a pas été fâchée. Son Palais-Royal est une maisonnnette qu'un paysan français dédaignerait; elle a une petite garde royale dont elle se soucie peu.

Ses traits sont d'une coupe régulière, ses yeux grands, vifs et brillants; elle a de beaux cheveux, de jolies dents, et présente un ensemble de bonté et d'intelligence; seulement elle aime un peu trop l'eau-de-vie et la galanterie.

Elle avait d'abord épousé son cousin, le roi de Wahiné; mais ce chef énergique était peu goûté de M. Pritchard et compagnie. Mettant la morale de côté, ces messieurs ont forcé la pauvre reine à divorcer, et à prendre pour mari le fils d'un chef des îles, espèce de *Cobourg* indigène, qui remplit à merveille (dit-on) son rôle de mari réginal.

La reine est ordinairement vêtue d'un peignoir d'indienne, et va presque toujours nue tête, sans fichu sur les épaules, sans bas et sans souliers. Il lui arrive fréquemment de laisser tomber son peignoir, et de se baigner toute nue dans le premier ruisseau venu. Elle passe son temps à secouer le joug des marchands de Bibles, à faire l'amour, à courir les champs, à donner à manger aux hôtes de sa basse-cour, à faire raisonner une guimbarde entre ses dents, à fumer, à feuilleter des livres d'images, à tourner la manivelle d'un orgue de Barbarie, ou à causer avec sa cour. Il est inutile de dire que ces causeries roulent toutes sur l'amour, et qu'elles sont tellement décolletées qu'elles feraient rougir une tragédienne juive en goguette, ou une Célimène en criminelle conversation.

Un jour Dumont-Durville faisant pleurer la pauvre reine, Dupetit-Thouars, pour la consoler, lui tirait légèrement les cheveux, et lui donnait de petites tapes sur la joue.

Un des grands plaisirs de Pomaré est la danse; les missionnaires ont fait de vains efforts pour l'en détacher; en vain ont-ils dit que ceux qui dansent seront damnés. La reine danse et se moque de la damnation, au grand scandale du rigoureux Pritchard, qui est détesté des Taïtiens.

Pauvre Pomaré, peut-être un de ces jours pourrons-nous la rencontrer sur les boulevarts, et lui dire iorana (en taïtien bonjour).

IX

Le père Pritchard,

Amant et accoucheur de la reine.

Le père Pritchard, fixé depuis quinze ans aux îles de la Société, est un *méthodiste*, membre actif du corps des vendeurs de Bibles. Le code taïti est son ouvrage, et les clauses pénales sont loin d'être édifiantes; la religion y devient l'auxilliaire d'un commerce honteux. Toute infraction est punie par une amende au bénéfice des missionnaires. Le sexe de Taïti étant très volage et très galant, offre de grands bénéfices aux méthodistes anglais, car chaque fille, surprise en flagrant délit d'amour, paie aux *pieux* missionnairss une amende d'une piastre forte. Dès que vient la nuit, les missionnaires protestants, espèces de baziles, courent les champs ou écoutent à la porte des cabanes; bien souvent ils constatent des délits, mais aussi, combien de péchés ces délits font-ils commettre aux *bons* pères. Il serait bien extraordinaire que la vue et l'audition de certains exploits amoureux ne leur donnassent pas de *libidineuses* pensées et des idées de *concupiscence*. On nous assure que les Anglais seraient désespérés de voir le sexe de Taïti devenir vertueux ; chez eux l'intérêt terrestre passe toujours avant celui du ciel.

Pritchard est un espèce de Figaro propre à tout faire. Il a été d'abord gardeur de pourceaux, puis garçon boucher, puis ensuite missionnaire. Il est à la fois chef de mission, consul anglais, premier ministre de Pomaré, accoucheur de cette dame, amant en titre et chef de la police de Taïti. Pritchard, lit la Bible et manie la hache et le rabot; on l'a vu, pour ne pas violer le droit des gens, enlever la toiture de la maison du consul des Etats-Unis (1), et faire sortir de chez eux MM. Laval et Caret, missionnaires catholiques, qu'il *empoigna* mieux qu'un sergent de ville, et qu'il fit embarquer de force sur une goëlette. Quand les deux expéditions de Dumont-D'Urville et de Dupetit-Thouars se rencontrèrent à Papaïti, Pritchard chargea lui-même le canon qui saluait la flotte française.

Doué d'une activité indomptable et d'une persévérance inflexible, il cumule tous les rôles, accepte tous les emplois et toutes les humiliations. On dit qu'il ne fait des enfants à la reine qu'afin de conserver auprès d'elle sa place d'accoucheur.

Avant de retourner à bord, Dumont-D'Urville fut voir maître Pritchard, et lui dit devant deux officiers : — « M. Pritchard, vous êtes consul, reconnu par l'Angleterre, » et c'est au consul que je viens faire une visite. Quant à » M. Pritchard, ministre protestant et juge taïtien, je » l'aurais, s'il n'avait pas d'autres titres, fait transporter » de force à mon bord, où il demeurerait aux fers jusqu'à » notre arrivée en France. » M. Pritchard ne répondit rien.

En 1844 M. Guizot l'a vengé.

(1) Pour ne pas forcer la porte d'un consul, M. Pritchard démolissait la maison ; les jésuites, avec les restrictions mentales, ne sont pas encore de cette force.

X

MOEURS DES TAÏTIENS.

Bougainville appellait Taïti l'Ile des Amours; les Taïtiens sont simples comme de véritables sauvages; ils adorent leur reine, et sont passionnés pour les plaisirs des sens. L'eau-de-vie, l'amour et la danse, sont les trois choses dont ce peuple ne peut se priver; ces vices, habilement exploités par des missionnaires avanturiers, sont pour ces derniers une cause de fortune (1).

A Taïti, les vendeurs de Bible sont les propriétaires exclusifs du bétail et des cochons; Pritchard fait de très grandes affaires dans ce commerce, qui entre du reste dans sa spécialité.

X

CONCLUSION.

Comme nos lecteurs ont pu le voir, la conduite de M. Dupetit-Thouars, dans l'Océan-Pacifique, est exempte du moindre blâme; dans tous les documents que nous avons consulté, nous n'avons pu voir que les intrigues des An-

(1) Une chose digne de remarque, c'est que les missionnaires catholiques sont pleins de charité et d'esprit évangélique, ils travaillent pour Dieu et sont toujours prêts à subir le martyre, tandis que les missionnaires anglais protestants travaillant dans un intérêt égoïste, sont les loups du troupeau qu'ils viennent diriger, et se montrent partout les précurseurs de la *domination anglaise*.

glais. Cette brochure n'est pas écrite sous l'influence de l'esprit de parti ; mais sous celle du patriotisme. Ce n'est pas un parti qui offre une épée à M. Dupetit-Thouars, c'est la France entière, car, que l'on ne s'y trompe plus, pour les hommes de cœur, il n'y a que deux camps, celui des Anglais et celui de la France. M. Guizot, que lord Aberdeen a protégé auprès de Louis-Philippe, est en France le chef du parti anglais ; c'est ce parti que nous combattons, et contre lui sont tous les nobles cœurs, les Châteaubriand et les Béranger ; les Dupetit-Thouars et les Lalande; les Larochejaquelein et les Dupont (de l'Eure); les Arago, les Lafitte, les Genoude, les Berryer, les Lamennais et tous ces prolétaires généreux qui se réunissent tous les jours, pour donner une noble épée à celui qui vient de prouver qu'il avait un noble cœur. Ne crions donc plus : *vive Bourgogne*! ou *vive Armagnac*! mais disons tous : *vive la France!* nos voix seront entendues, et la patrie sera sauvée.

XII

L'ÉPÉE D'HONNEUR (1).

Souscrivons tous pour cette noble épée ;
Que pas un cœur ne reste indifférent !
Et que la France indignement trompée,
A l'étranger reprenne enfin son rang.
Honte et malheur aux conseillers du trône !
Honneur et gloire au valeureux marin !
Français, donnez, donnez la sainte aumône,
C'est pour l'honneur que nous tendons la main.

Brave ouvrier à l'âme grande et fière,
Qui sais si bien comprendre et travailler ;
Toi qui comprends une noble prière,
A nos accents, tu vas te réveiller.
Songe à la France au sein de la misère !
Apporte-nous le prix d'un peu de pain ;
Apporte-nous le don du prolétaire,
C'est pour l'honneur que nous tendons la main.

Et toi soldat, qui gémis en silence
Sur ton drapeau si souvent insulté,
Dont les aïeux, grands cœurs pleins de vaillance,
Sont morts jadis pour notre liberté !
Tes chefs émus ne verront pas tes larmes !
Soutiens l'effort dans nos climats lointains,
Soutiens l'effort de tes compagnons d'armes...
C'est pour l'honneur que nous tendons la main.

(1) Nous avons cru devoir reproduire ces couplets où la muse de Béranger nous a semblé revivre. L'auteur les a fait insérer dans le *Journal du Loiret*. (D'Orléans.)

Venez à nous, habitants des campagnes,
Si vous gardez un noble souvenir !
Vous qui jadis pour *vos fils*, *vos compagnes*,
Saviez si bien et combattre et mourir!
Venez à nous, quand l'honneur le commande;
Honte, à quiconque attend au lendemain!
Apportez vite, apportez votre offrande,
C'est pour l'honneur que nous tendons la main.

(**XXX**, d'Orléans.)

FIN.

Imprimerie de Worms, boulevart Pigale, 46.

www.ingramcontent.com/pod-product-compliance
Ingram Content Group UK Ltd.
Pitfield, Milton Keynes, MK11 3LW, UK
UKHW020548230726
13925UKWH00006B/2457

9 782014 060942